Navegar por el mar

Dona Herweck Rice

✷ Smithsonian

Autora contribuyente

Allison Duarte, M.A.

Asesores

Tamieka Grizzle, Ed.D.
Instructora de laboratorio de CTIM de K–5
Escuela primaria Harmony Leland

Russ Lee
Curador
Smithsonian

Créditos de publicación

Rachelle Cracchiolo, M.S.Ed., *Editora comercial*
Conni Medina, M.A.Ed., *Redactora jefa*
Diana Kenney, M.A.Ed., NBCT, *Directora de contenido*
Véronique Bos, *Directora creativa*
Robin Erickson, *Directora de arte*
Seth Rogers, *Editor*
Caroline Gasca, M.S.Ed., *Editora superior*
Mindy Duits, *Diseñadora gráfica superior*
Walter Mladina, *Investigador de fotografía*
Smithsonian Science Education Center

Créditos de imágenes: págs.2–3, pág.10 (todas), pág.16 (derecha), pág.18 (todas), pág.20 (inferior, izquierda), pág.21 (superior) © Smithsonian; pág.5, pág.13, pág.22 Timothy J. Bradley; pág.6 Granger Academic; pág.7 dominio público; pág.8 Inge Wallumrød/Pexels; págs.11–12 Look and Learn/Bridgeman Images; pág.14 Science Source; pág.15 Mark Garlick/Science Source; pág.17 Colaimages/Alamy; pág.19 Andrew Brookes, National Physical Laboratory/Science Source; pág.23 Universal History Archive/UIG/Bridgeman Images; pág.26 (inferior) Richard Howard/The LIFE Images Collection/Getty Images; pág.27 (superior) Edmond Terakopian/AFP/Getty Images; todas las demás imágenes cortesía de iStock y/o Shutterstock.

Library of Congress Cataloging-in-Publication Data

Names: Rice, Dona, author. | Smithsonian Institution, issuing body.
Title: Navegar por el mar / Dona Herweck Rice, Smithsonian Institution.
Other titles: Navigating at sea. Spanish
Description: Huntington Beach, CA : Teacher Created Materials, [2020] |
   Includes index. | Audience: Grades 2-3
Identifiers: LCCN 2019035369 (print) | LCCN 2019035370 (ebook) | ISBN
   9780743926911 (paperback) | ISBN 9780743927062 (ebook)
Subjects: LCSH: Navigation--History--Juvenile literature. |
   Navigation--Technological innovations--Juvenile literature. | Seafaring
   life--Juvenile literature. | Ocean travel--Juvenile literature. | CYAC:
   Navigation. | Seafaring life. | Ocean travel. | LCGFT: Instructional and
   educational works.
Classification: LCC VK559.3 .R5318 2020 (print) | LCC VK559.3 (ebook) |
   DDC 623.89--dc23
LC record available at https://lccn.loc.gov/2019035369
LC ebook record available at https://lccn.loc.gov/2019035370

✳ Smithsonian

Teacher Created Materials

5301 Oceanus Drive
Huntington Beach, CA 92649-1030
www.tcmpub.com

ISBN 978-0-7439-2691-1

Contenido

La segunda estrella de la derecha 4

Por tierra y por mar 6

La navegación en la antigüedad 10

La navegación actual 20

En línea recta hasta la mañana 26

Desafío de CTIAM 28

Glosario 30

Índice 31

Consejos profesionales 32

La segunda estrella de la derecha

Peter Pan sigue las estrellas hasta el País de Nunca Jamás. "¡La segunda estrella de la derecha y en línea recta hasta la mañana!", ordena mientras **navega** por el cielo. Guía al grupo hacia una gran aventura. Las estrellas le indican dónde hallarla.

Está claro que el País de Nunca Jamás no es un lugar real. ¡Pero seguir las estrellas sí lo es! Fue una de las primeras maneras que descubrieron las personas para navegar. Seguían las estrellas tanto en el mar como en tierra firme. Las usaban para saber dónde estaban. Así, podían saber hacia dónde debían ir.

Los instrumentos han cambiado con el tiempo. La tecnología ha mejorado más y más. Es más precisa que antes. Pero las bases de la navegación no han cambiado. En cierto sentido, aún seguimos las estrellas.

instrumentos de navegación antiguos

Un marinero usa las estrellas para calcular su posición en el mar.

Por tierra y por mar

Desde que las personas aprendieron a caminar, no han dejado de desplazarse. Viajan para explorar lugares nuevos. Eso siempre ha sido más sencillo por tierra. Las personas pueden caminar un rato y descansar cuando lo necesitan. Pueden buscar alimentos y agua en el camino. Pueden usar puntos de referencia como guía.

Viajar por mar es más riesgoso que viajar por tierra. El mar cambia todo el tiempo. Hay pocos puntos de referencia fijos en el agua. No es fácil hallar recursos en el mar. El mar mismo está lleno de peligros. Nadando en el agua, no es posible descansar cuando uno lo necesita.

Este grabado de 1773 muestra aldeanos de Tahití viajando en bote.

Este mapa detallado de Italia se dibujó en 1570.

ARTE

Un mapa del camino

El mapa es un instrumento de navegación habitual. Durante la mayor parte de la historia, los mapas se hicieron a mano. Eran una forma de expresión artística. Los mapas modernos suelen hacerse con computadoras. Por ese motivo, ahora son más un producto de la ciencia que del arte.

Latitud y longitud

Para que las personas pudieran saber su ubicación, crearon una cuadrícula invisible que envuelve la Tierra. La cuadrícula está formada por dos conjuntos de líneas. Las líneas de latitud rodean la Tierra de este a oeste. Son líneas **paralelas**. Nunca se cruzan. La línea central es el ecuador.

Las líneas de longitud van de norte a sur. No son paralelas. Se unen en los polos. También se las llama *meridianos*. La línea central es el primer meridiano. Los dos conjuntos de líneas se miden en **grados**. Si conoces las **coordenadas** en grados, puedes hallar cualquier lugar de la Tierra.

Los primeros navegantes podrían usar esta cuadrícula como ayuda si lograran entenderla en el mar. Empezaron a construir instrumentos que los ayudaban a descubrir lo que necesitaban saber.

La palabra *navegación* proviene de la palabra del latín *navis*, que quiere decir "barco". Navegar significa guiar un barco.

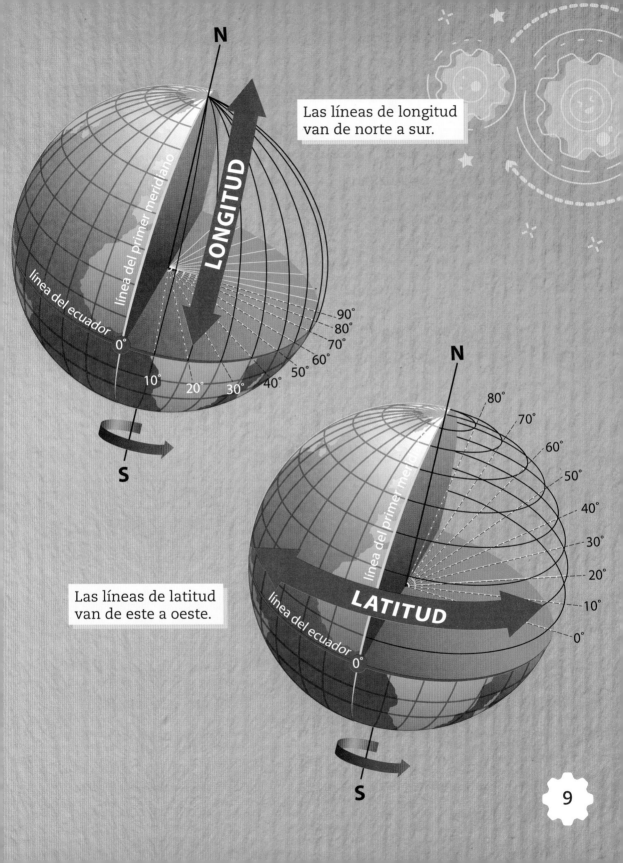

Las líneas de longitud van de norte a sur.

Las líneas de latitud van de este a oeste.

La navegación en la antigüedad

El deseo de explorar forma parte de la naturaleza humana. Las personas quieren saber qué hay más allá de lo que ven. Para 1700, los europeos habían explorado más o menos la mitad de la superficie de la Tierra. ¡Pero quedaba mucho por conocer!

Explorar tierra firme ya era difícil. Los mares presentaban aún más desafíos. Sin embargo, los riesgos parecían valer la pena. Las personas estaban seguras de que descubrirían oportunidades. Podían ganar riquezas y poder navegando las aguas y atravesándolas. Uno de los problemas era cómo marcar una ruta marítima. El **mar abierto** estaba lleno de peligros. Era necesario llegar a destino rápido. Navegar sin una ruta clara era muy arriesgado. Se necesitaban instrumentos confiables.

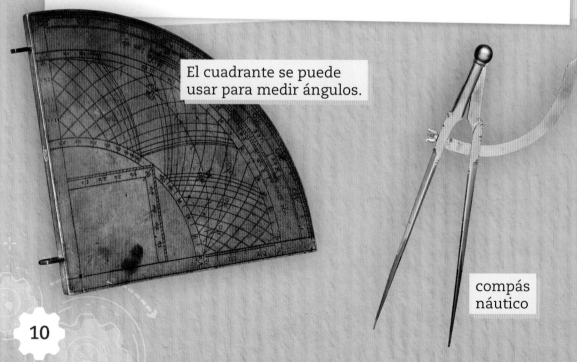

El cuadrante se puede usar para medir ángulos.

compás náutico

Este marinero usa instrumentos para navegar.

En mar abierto, los marineros usaban la **navegación por estima** para saber dónde estaban. La navegación por estima se basa en la última ubicación, la dirección y la velocidad a la que se viaja.

La piedra solar vikinga

Los vikingos recorrieron los mares hace mucho tiempo. Visitaron muchas tierras y comerciaron para obtener lo que necesitaban. También **saquearon** algunos lugares. Los vikingos eran famosos por su ferocidad y su habilidad en el mar.

Los vikingos desarrollaron instrumentos y métodos para navegar. Eran expertos en usar el Sol para orientarse. Eso era difícil donde vivían. El cielo solía estar cubierto de nubes y había neblina. La piedra solar fue una solución. Es un cristal que polariza, o controla, la luz. Ayudaba a los vikingos a hallar el Sol cuando el cielo estaba nublado. Al menos tenían una cierta idea de la dirección en la que iban.

Pero "una cierta idea" no era suficiente. Necesitaban una manera más precisa de saber adónde se dirigían. La hallaron poco tiempo después.

un vikingo en el mar

La dirección de la polarización de la luz en la piedra solar coincide con la polarización de la luz solar.

La atmósfera polariza la luz en un patrón circular.

El Sol se oculta tras las nubes.

1 El navegante sostiene la piedra solar contra un sector del cielo y la hace girar hasta hallar el punto en el que se ve más brillante. Entonces, el cristal apunta al Sol.

2 El navegante repite el proceso desde otra posición. La intersección de los dos resultados muestra la ubicación del Sol.

La piedra imán

La brújula existe desde hace mucho tiempo. Las personas la usan para orientarse. Pero antes de la brújula, existió la piedra imán.

La piedra imán, o magnetita, es un pedazo de mineral de hierro magnético. Existe en la naturaleza. Los vikingos la usaban para hacer imanes. Frotaban agujas contra una piedra imán. Eso las magnetizaba. En otras palabras, las agujas se convertían en imanes.

Los imanes tienen una fuerza que atrae y repele. Los extremos de un imán atraen o repelen a otros imanes. La Tierra tiene un campo magnético. Un imán puede alinearse, o colocarse en línea, con el campo magnético de la Tierra.

Los vikingos colocaban una aguja con carga en un tazón con agua. La aguja flotaba. Lentamente, apuntaba al norte y al sur. Se alineaba con el campo magnético de la Tierra. Así, los vikingos podían "leer" la aguja.

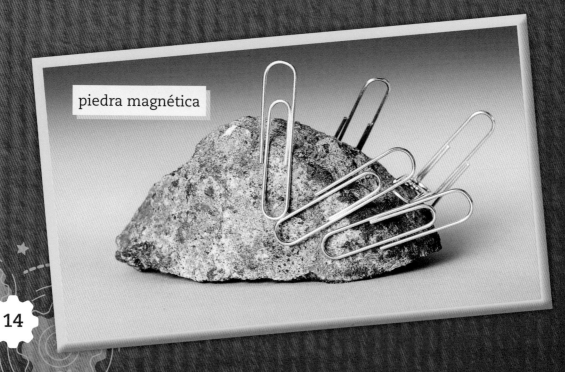

piedra magnética

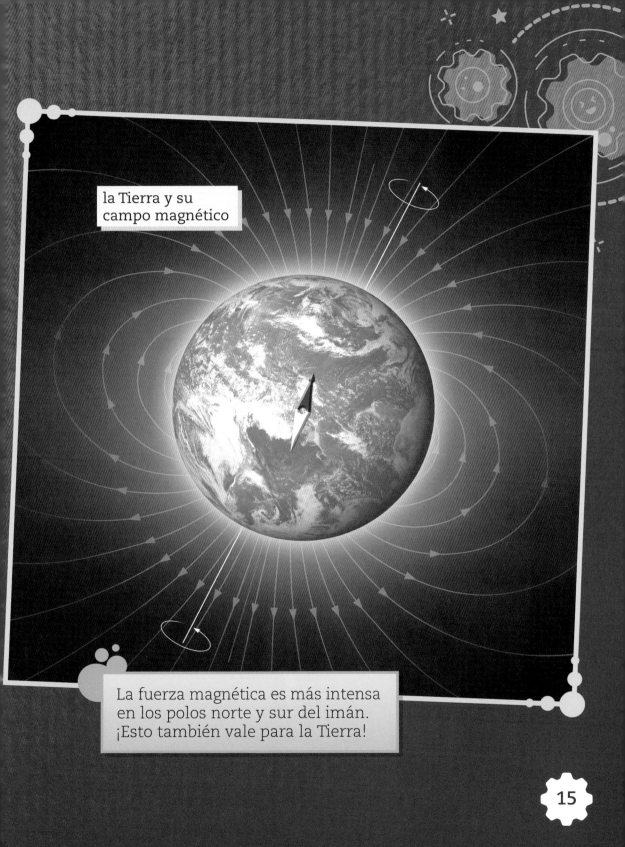

la Tierra y su
campo magnético

La fuerza magnética es más intensa
en los polos norte y sur del imán.
¡Esto también vale para la Tierra!

El sextante

A fines del siglo XVII, el rey Carlos de Inglaterra les dio una tarea a los científicos. Les pidió que usaran los objetos del cielo para hallar dónde estaban. Los científicos crearon un instrumento llamado sextante.

El sextante mide el ángulo entre dos objetos. Quien lo usa observa el horizonte a través de un telescopio y un espejo semiplateado. Un espejo más se encuentra sobre un brazo móvil. Este espejo se mueve hasta que el reflejo del Sol (o la estrella) parece unirse con el horizonte. En ese momento, se mide el ángulo entre los dos objetos. Para ello, se usa la escala del sextante. El ángulo sirve para hallar la ubicación y la distancia de quien lo está usando.

Con el tiempo se fabricaron mejores sextantes. Los sextantes se volvieron más precisos. Los científicos podían hallar una ubicación dentro de un grado de latitud. Podían calcular la distancia casi con exactitud.

Algunos sextantes tienen lentes diferentes que permiten ver mejor el horizonte.

sextante

Esta marinera está usando un sextante.

MATEMÁTICAS

Medir en grados

Un grado de latitud son 111 kilómetros (69 millas). Al usar el sextante, los ángulos se comparan con unas tablas que contienen grados de latitud. Sin las tablas, la ubicación seguiría siendo un misterio.

La longitud y un buen reloj

Hacia 1700, hallar la latitud en el mar ya era sencillo. Había instrumentos confiables. Pero hallar la longitud era un problema. Se necesitaban relojes que sirvieran en el mar. Esta es la razón: la Tierra **rota** 15 grados de longitud por hora. En el mar, la única manera de hallar la longitud era comparar la hora a bordo del barco con la hora que marcaban los relojes que se habían llevado desde tierra firme. La hora en el barco se hallaba observando el Sol. Pero los relojes terrestres no marcaban bien la hora en el mar. Eran relojes de **péndulo**. Los barcos y los relojes se bamboleaban en el mar. Eso afectaba los relojes.

¡Pero la invención de un buen reloj marino era solo cuestión de tiempo! Distintos países empezaron a ofrecer recompensas a cambio de un buen reloj. Muchos lo intentaron. Poco después, se inventó el primer **cronómetro marino**. Este cronómetro marcaba la hora en el mar con precisión. Así, se hizo posible hallar la longitud y la latitud.

Los relojes como este no marcan bien la hora en el mar.

cronómetro marino

Los relojes siguen mejorando. ¡El dispositivo de arriba es un reloj tan preciso que tendrían que pasar 20 millones de años para que se atrasara apenas un segundo!

La navegación actual

Hacia el final del siglo XIX, los instrumentos de navegación habían mejorado mucho. Los mapas eran confiables. Se podían usar los instrumentos sin problemas. Los conocimientos matemáticos también habían mejorado. Se hacían cálculos más precisos. Eso quería decir que se podían hallar ubicaciones más precisas. Se podía navegar por los mares con tranquilidad. Las personas sabían dónde estaban y adónde iban.

Pero algo importante estaba por pasar. Nacieron los viajes por aire y por el espacio. Junto a ellos, surgió la necesidad de una navegación aún más precisa. Se crearon instrumentos nuevos para cubrir la demanda. Así, las personas pudieron volar por el aire. Los instrumentos también ayudaron a viajar por el mar.

transbordador espacial

avión antiguo

Este cardán impide que el disco que hay en su centro se mueva cuando el barco se mueve.

El cardán

Los científicos necesitaban que los instrumentos a bordo de los barcos en movimiento se mantuvieran estables. Así llegaron al cardán. El cardán es un conjunto de anillos en los que se monta un objeto. Cada anillo gira de manera independiente. El objeto se monta en el anillo del centro mediante un **eje** central. Cada anillo externo se monta en otro mediante dos ejes. Los cardanes giran, pero el objeto queda estable.

El radio

Uno de los mayores desafíos para la navegación era la comunicación. El radio fue un instrumento nuevo **vital**. Permitía enviar información a los barcos desde tierra firme o entre un barco y otro. Los barcos también podían pedir ayuda. Antes, estar solos en el mar era un gran riesgo para los barcos. No tenían manera de pedir ayuda si les sucedía algo. Poder comunicarse más allá de los límites del barco mejoró la seguridad de todos.

La Marina de EE. UU. comenzó a enviar señales horarias a sus barcos por radio. Esta comunicación horaria era más exacta que antes. Las advertencias también se comunicaban a los barcos. Tal vez se acercaba una tormenta. Tal vez había un peligro cerca. Gracias al radio, se podían enviar noticias sin importar dónde estuviera el barco. Los barcos ya no estaban solos. Y la navegación ya no era tan difícil como antes.

torre de radio en un barco

Guglielmo Marconi (izquierda), el inventor del radio, usa una de sus primeras máquinas.

¡Las ondas de radio pueden atravesar paredes, personas y otros objetos!

El GPS

Cuando pensamos en la navegación actual, pensamos en el GPS. GPS es la sigla en inglés de *Global Positioning System*, o sistema de posicionamiento global. El GPS ha cambiado la manera en que nos orientamos.

El GPS usa 24 satélites que orbitan alrededor de la Tierra. Cada uno orbita alrededor de la Tierra dos veces al día. Hay al menos cuatro satélites dentro del rango de alcance en todo momento, en cualquier punto de la Tierra. Cada uno envía y recibe señales. El receptor GPS lee las señales. El dispositivo puede leer la ubicación casi en cualquier lugar del mundo.

Muchas personas tienen un GPS en su teléfono inteligente. Lo tienen en su carro. Suelen usarlo para buscar direcciones. Ahora los barcos también tienen GPS. Pueden orientarse siempre. ¡Y también es posible hallar los barcos siempre!

Los satélites del GPS giran alrededor de la Tierra por diferentes caminos.

Las velas usan el viento para hacer avanzar el bote.

¡Adelante!

Al igual que el GPS, muchos instrumentos se crearon para señalar a los marineros dónde están y adónde deben ir. Pero los marineros también necesitan cosas que hagan mover sus barcos. Los ingenieros diseñan barcos con herramientas básicas. Algunos barcos tienen velas para aprovechar el viento. Otros tienen motores. Algunos hasta tienen una rueda de paletas.

En línea recta hasta la mañana

Querer es poder. Las personas quieren explorar las aguas del mundo, como lo han hecho durante miles de años. En ese tiempo, encontraron medios mejores y más precisos de recorrer los mares. Pasaron de navegar junto a la costa a cruzar el mar abierto. Antes usaban las estrellas y el Sol para guiarse. Hoy, usan el GPS. Y seguirán explorando en el futuro.

¿Qué nos espera en el futuro? Las cosas han cambiado mucho con el tiempo. Podemos suponer que seguirán cambiando. Se inventarán nuevos instrumentos. Se usarán nuevos métodos. Y, como dice Peter Pan, quienes recorren los mares pueden navegar "en línea recta hasta la mañana". ¡Quizás entonces encuentren lo que están buscando!

En 1990, William "Bill" Pinkney se convirtió en el primer afroamericano y la cuarta persona en el mundo en navegar solo alrededor del mundo.

En 2006, Dee Caffari se convirtió en la primera mujer en navegar sola alrededor del mundo, sin hacer escalas.

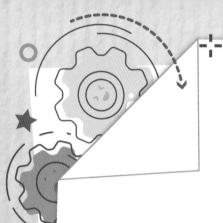

DESAFÍO DE CTIAM

Define el problema

Estás a bordo de un barco que cruza el océano cuando, de pronto, ¡los equipos de navegación dejan de funcionar! Sabes que debes ir hacia el norte para llegar a la costa más cercana. Tu tarea es construir un dispositivo que te ayude a hallar el norte. Después, puedes hacer un plan para navegar de manera segura hasta tierra firme.

Limitaciones: Los elementos que tienes para trabajar son: un lápiz, papel, un imán, sujetapapeles, un vaso de plástico, un tazón, agua, un cordel, palillos de bambú y un corcho.

Criterios: Un dispositivo exitoso podrá girar y apuntar claramente al norte.

Investiga y piensa ideas

¿Cómo se buscaba el norte en el pasado? ¿Qué métodos funcionarán mejor en un barco que está en el mar?

Diseña y construye

Haz un plan de cómo usarás los materiales para hallar el norte. ¿Cuál es el propósito de cada parte? ¿Qué materiales funcionarán mejor? ¿Cómo lograrás que quede claro en qué dirección está el norte? Construye el modelo.

Prueba y mejora

Pon a prueba tu dispositivo usándolo para que apunte al norte. Luego, usa una brújula o un mapa para saber si el dispositivo funciona bien. ¿Lograste hallar el norte? ¿Cómo podrías mejorar tu plan? Modifica tu diseño y vuelve a intentarlo. Si tu diseño funcionó, prueba un método diferente.

Reflexiona y comparte

¿Cómo cambiaría tu plan si tuvieras que viajar de noche? ¿Cómo cambiaría tu plan si tuvieras que viajar hacia el este en lugar del norte? ¿Qué parte del proceso te resultó más difícil?

Glosario

coordenadas: números que se usan para ubicar un punto en una línea, en una superficie o en el espacio

cronómetro marino: un reloj diseñado para usarlo en el mar

eje: una línea imaginaria sobre la que gira algo

grados: unidades de medida en las líneas de latitud y longitud

mar abierto: zonas del océano muy alejadas de la costa desde donde no se ve tierra firme

mineral de hierro magnético: un material terrestre que contiene metales que alejan y atraen materiales magnéticos

navega: viaja por aire o por agua

navegación por estima: identificación de la posición de un barco a partir de su velocidad y de la distancia recorrida

paralelas: que se extienden en la misma dirección y están a la misma distancia, pero no se tocan en ningún punto

péndulo: un palo o una cosa que tiene un peso en la parte de abajo y que se mueve hacia atrás y hacia delante

repele: aleja

rota: gira alrededor de un centro

saquearon: invadieron y robaron

vital: necesario

Índice

brújula, 14

Caffari, Dee, 27

cardán, 21

Carlos, rey, 16

cronómetro marino, 18

estrellas, 4–5, 16, 26

GPS, 24–26

grados, 8, 16–18

imanes, 14–15

latitud, 8–9, 16–18

longitud, 8–9, 18

navegación por estima, 11

piedra imán, 14

piedra solar, 12–13

Pinkney, William "Bill", 26

polarizar, 12–13

radio, 22–23

reloj, 18–19

sextante, 16–17

Sol, 12–13, 16, 18, 26

vikingos, 12, 14

CONSEJOS PROFESIONALES
del Smithsonian

¿Quieres ayudar a las personas a cruzar el océano?
Estos son algunos consejos para empezar.

"Aprende lo más que puedas sobre matemáticas y ciencias. Si te gusta pensar en forma creativa y resolver problemas, estudia ingeniería y tecnología". **—Dan Cole, coordinador de sistemas de información geográfica**

"Los transmisores y receptores GPS son cada vez más pequeños y necesitan cada vez menos energía. Por eso, entender la microelectrónica es esencial. Cada vez más, las personas usarán la inteligencia artificial para navegar". **—Russ Lee, director de la división de aeronáutica del Museo Nacional del Aire y el Espacio**